창조문학대표시인선 · 239

경계

김혜숙 시집

창조문학사

□ 시인의 말

외길 인생을 걸어오던 공직公職을 마치고
밝은 사회구현社會具現에 일조하고자 활동을 해 왔습니다.
이제 시간의 터널에서 마지막 순간까지
의식을 놓지 않으려는 생각으로
뒤늦게 새얼문학에 입문하여
시심을 품게 되었습니다.
시를 통해 모든 사물을 새롭게 바라보고
지나온 제 자신을 관조觀照하며
대 자연을 통해 인생을 배웁니다.
인생은 고뇌라 하였던가요.
때로는 시가 얼어붙어 풀리지 않아
기다리는 고통을 느끼면서 보이지 않는
저 높은 곳을 바라봅니다.
고통을 감내堪耐 하노라면 어느덧 그 님(詩)이 오시지요
그렇게 써온 시를 엮어 한 권의 시집을 내놓습니다.

2015년 11월
김 혜 숙

경계
김혜숙 시집

| 차 례 |

I 부

2부

3부

4부

1부

묵화墨畵

1
그믐 밤
길섶에 나와 앉아
혼곤히 잠들던 잔디
발자국 소리에 놀랐는가
납작 엎드려 숨죽이고
샛바람에 어슬렁거리던 토담 길은
숲 그늘에 숨는다

2
불빛이 세워 놓은 그림자
제 몸인 줄 모르는 신갈나무는
나르는 마른 잎을
낯선 눈으로 내려다본다

3
싸락눈 휘는
길 모롱이에
등 굽은
버들 그림자
늘어진 머리채로 모난 소리들을 쓸어 내는데
나는 지나 온 길을 돌아다본다

옥화란

책상 모서리에 앉은
분청자기 화분에
미끈한 세 촉의 옥화란이
내 마음 파아랗게 물들이네

어느 날 불현듯
꽃대 하나 올라 와
다섯 송이 꽃망울

해와 달이 뜨고 지니
꽃망울 하나 두울
얼굴 드러내 하얗게 웃는다

나는 먹물에 마음 풀어
한 촉 두 촉 난을 치니
방안 가득 그 향이 은은하네

연못 속

양촌리 숲 속
샛길 따라
연못에 왔다

연못가
밥풀 꽃가지
바람결에 속살속살

오월의 한낮
아지랑이 피어오른 연못 속
온 몸 숙여 늘어진
수양버들

이끼 낀
고인돌
연못 위 가파른 숲 언덕
성당의 십자가
물에 어리고
구름 한 덩이 수면에
떠간다

나는 넝쿨 두른 바위 아래 앉아

연못 속 높은 곳을
그리는데

어디선가 비오리 한 마리
물위를 날아
떠가는 구름에 실린다

젖은 누더기를 벗는다

밤은 깊어

솔바람에 흔들리는
풍경소리

선 방 창에 비친
그림자는

나뭇잎을 두드리는
가을비에
젖은 누더기를 벗는다

바람은

고갯마루를 훑어 내린 바람
갈대숲을 모로 누이고

고요 속에 잠긴 호수를 쓸어
햇살에 물든 수면
비늘처럼 반짝 인다

덕숭산德崇山 가는 길목
붉게 탄 나뭇잎이
후려치는 바람에 찢겨
뚝
뚝
발등에 떨어진다

바람은 자고
어둠이 길 섶 마른 숲을 지우는데

나뭇가지 사이 흐르는 별빛은
나를 싣고

눈은

새털처럼 날아 사라지고
솔잎에 앉아 꽃송이 되고
내 마음 첫사랑 불러오고

때로는
외딴 빈집을 무너뜨린다

겨울 濟州

차창 밖
길 따라 도열한 억새풀
무리 져 살고 있다
북 제주를 넘어가는 길에
진주進走* 해 오는
억센 저 힘

옥양목을 펼친 듯한 지삿개 앞 바다
수평선 넘어
흰 모자 쓴 한라산
동안거冬安居 들고
해 넘긴 바다는 선혈을 토해낸다

느슨한 언덕 위
바람들은
마른 숲으로 소란스럽게 뛰어들고

* 앞으로 뛰어 나아감

리치에서

- 자유공원 언덕 위의 찻집

빨간 지붕 용마루가
나를 세우고서는
가지런히 배열된 기왓장 중대中隊를 이끌고
시위示威를 한다

모과나무에서
푸른 복면覆面을 한 모과들이
걸어 나왔다 걸어 들어간다
구름은 밀려와 후드득 창을 때리고
유리창은 많은 것들을 주워 담느라 시끄럽다

꽃 구름아래

구월 사거리
벚나무 꽃길을
들어서니
하늘에 꽃구름
성곽城郭을 쌓았군요

꽃 그늘사이
비집고 들어온 햇살이
행인의 옷자락
나물장수 광주리
조각난 보도블록 상처를 어루만져요

바람에
반짝 한 생生을 접는 꽃잎들
저 꽃구름의 연대連帶

봄의 길목에서

만월산 기슭에
자작나무 참나무 도토리나무들
아침 햇살에 안긴다

밤과 낮이 가고 오는
깊은 땅속 새암
나무뿌리를 타고
수 없는 가지 끝을 감돌아

사춘기 딸아이 여드름처럼
온 나무 가지에 오톨도톨

계곡 너머 산새 울음소리
나는 오르던 걸음을 멈추는데
내 머리 위 나뭇가지에
고지새 한 마리
화답을 하니
온 산골짜기가 반짝 빛난다

비탈진 산 중턱 바위 아래
진달래 망울들
나를 당긴다

나는 햇살 묻은 바윗등에 앉아
오르던 길목을 돌아보니
새싹이 움트는 파아란 소리
온 산마루가 울린다

은행잎

만수주공 아파트 길로 들어서니
노랗게 물든 은행잎들
밀려드는 시간 견디다 못해
잡았던 미련을 떠나
거리를 수繡 놓았네

빈 나뭇가지 사이로 보이는
아파트 옥상 위
비둘기 한 쌍
은행잎 따라 내려와
앞을 맴도네

은행잎처럼 내 머리에도
하나 둘 서리 내리는데
책갈피 속에 눌러두었던
은행잎이
어린 시절로 나를 이끄네

군자란

베란다 군자란에 물을 준다
난 뿌리가
화분 위로 올라온다

난 잎들 한가운데서
꽃망울이
하늘을 보고 나온다

적막이 흔들린다

꽃대가 솟아나는 군자란 중심에
해가 들고
달이 들고
바람이 들고
내가 들고났다

내 가슴은 환하다

그리움

그때
그가 말했다
나는 리처드닉슨이
부럽지 않소

나는 섹스피어에게
질투를 느끼오
왜냐고?
나보다 먼저 로미오와 줄리엣의
사랑을 느꼈으므로

여자가 말했다
내가 목숨을 잃는다면?

그가 말했다
나는 젊은 베르테르가 되겠소

여자는 열락悅樂에 젖어들며
오! 그대는 나의 호흡이예요

그러구러
밤과 낮이 오고 간

사십 성상星霜*
다 바랜 벽화를 보듯
여자는 추억을 더듬는다

*십년

무소식

먼 지난 날

세상의 소용돌이에서
내 손을 꼭 잡고 우리 같이
영원으로 가자고 하였을 때
선뜻 그대의 뜻에 따르지 못한 것을
못내 후회 합니다

버스 창 밖
중년의 부부가 리어카에 연탄을 가득 싣고
남편이 앞에서 끌며
아내가 뒤에서 밀고 가는 모습이
부러웠고

서대문 형무소 옆을 지날 때면
사랑하는 사람이 교도소 안에 있는 사람이
부러웠지요

수시로 면회를 할 수 있으며
사식을 넣을 수도 있고
확실한 서대문 1번지西大門 1番地에 있으면서
때가되면 풀려나 함께 지낼 수 있는

희망이 있을 것이기에
생사를 모르는 안타까움은
차라리 의식을 잃었으면 싶다가도
아니,
나는 오늘도 내일도 그대를 부를 것입니다
메아리가 울릴 때까지

2부

가는 길

삼복더위에 전철 안
서 있는 이 하나 없다

간석역을 지나 달리는 창밖
폭염에 늘어진 나무들이 휙 휙
색색 빨래 널린 아파트가 돌아가고
산 능선은 구름 몰고
게걸음으로 지나간다

손과 무릎에 고무창을 대고
흘러간 노래위에
적선의 손길을 바라고 있고
수재민 돕기 모금상자 멘 학생들은
지갑 여는 이 앞에서 고개를 조아리고
떠들썩 생활용품 잡상인들
부산하게 지나간다

휴대폰을 붙들고 미소 짓는 청년
신문위에 고개 떨 군 중년의 신사
저마다 가는 길은 멀기도 하고 짧을 수도
그 누구도 흐르는 순간을 잡을 수 없다
풀 한 포기조차

해가 기울어 갈 길이 바쁜 어머니
수화기 속 힘없는 목소리
나는 아린 가슴을 안고
미수米壽의 어머니를 뵈러가는 길

채송화

베란다 창 밖
옥색 화분에
날아온 씨앗
자줏빛 싹을 틔웠다

들고 나던
바람과 햇볕에
붉은 줄기 채송화
제 이름 드러냈다

희고 붉은 꽃피어
흰나비 날고
내 어릴 적 저고리들
꽃송이 속에 앉아 있다

서리 내린 뒤
바싹 마른 채송화
힘없이 풀려

씨앗들
구름계단 넘어
창공으로 날아갔다

돌멩이

– 愛

돌멩이 하나
가슴 속에 들어와 있어

잠시 눈을 감을 때나
밥을 먹을 때나
길을 걸을 때나
신문을 볼 때나
가슴을 휘젓는 그를 통해
세상을 바라봅니다

먹지 않아도 배부르고
때로는
거미줄 친 빈 헛간에
허기진 나그네 되기도 하면서

내 안의 돌멩이 빠져 나가면
나는 한 줌 재가 될 것입니다

새순이

장마든 6월 어느 날
베란다 창밖 화분에
웃자란 잡초들

뒤늦게 돋아난 채송화
잡초에 밀려
움츠린다

나는 창문을 열어
안간힘을 쓰는 잡초들을 뽑아
화분아래 내려놓는다

채송화들
바람 따라 흔들리는데
뽑혀 나온 잡초들은
마른 눈으로 나를 바라본다

옆구리에 수술자국이 가렵다
버려진 잡초에서 새순이 돋아난다

가운은 폼으로 입었나?

한 할머니가
구십의 노모老母를 휠체어에 태우고
이문동 신라병원 정형외과에
들어섰다

어떻게 오셨습니까
무릎이 스믈스믈 하고 저린 것이
물이 고인 것 같아서

의사는 진료를 마치고
보호자에게
연세가 있으시니 어쩔 수가 없군요
조용히 말 한다
직접 말씀해주세요 선생님
어르신! 물은 고이지 않았습니다
불편하셔도 그냥 견디셔야 합니다
특별히 처방드릴 게 없네요
허연 가운은 폼으로 입었나?
예, 폼으로 입었습니다 하하
의사양반 미안해요
안녕히 가십시오 어르신

복도를 지나 병원을 나서는데
머리를 모로 누인 어머니
얘!
왜 엄마
나 왜 안죽어?
엄마는…
붉게 타는 석양이 휠체어를 밀고 간다

하루살이

어느 여름날
주방 싱크대에서
하루살이 녀석 한 마리
여기 앉았다 저기 앉았다
놀이를 한다

나는 그 녀석을 쫓아
이리저리 발을 옮기며
손뼉을 친다

드디어 녀석은
내 손 바닥에서
피를 흘리며 떠난다

어차피
하루 생生인것을…

내 가슴은 환하다

그와 마주하면
설레임으로
아무런 생각이 떠오르지 않는다
생각해 두었던 말도 다 잊혀진다

그는 나에게
영이!
나는 풀잎에 이슬과 같은 욕망은
취取하지 않을 것이요
다만, 우리 집 울타리를 정원수로 둘러
나비와 새를 부르고
비와 눈을 가릴 수 있는 공간에 탁구대를,
아이들은 학교에 보내지 않겠오

나는 먹지 않아도 배부르고
눈시울이 젖어든다

그를 생각하면
나를 듯 걸음이 가볍고
반짝이는 포플러 나뭇잎은 나를 반긴다
가슴 깊은 곳에선
맑은 샘이 솟는다
하늘은 푸르고 내 가슴은 환하다

다시 애가 되어서

칠십대 중반의 서리 내린 할머니가
종로 6가 창신동에 있는 박 소아과朴 小兒科로 들어섰다
어떻게 오셨어요, 간호사의 낭랑한 목소리
"감기가 들어서……."
할머니! 여기는 애들만 오는 소아병원小兒科病院이에요
"응, 알고 있지!"

웃음소리로 진료실診療室
문이 열리고
홍안紅顔의 원장선생님이
즐거운 눈빛으로
"들어오시지요."

"내일 한 번 더 오세요. 할머니!"
할머니 주름이 날아간다

끼니는 잘 챙겨먹어?

어느 여름날
무릎 관절로 십여 년째 거동을 못하시는
어머니를 뵈러
이문동 동생 집에 갔다

누워 계신 어머니 발치에서
땀이 밴 옷을 벗는데,

내가 너를
그렇게 낳아주지 않았는데
왜 그렇게 됐어

엄마! 내가 지금 칠십을 바라봐
이만하면 양호하지 않우?
미스 할머니 선발대회는 왜
없는지 모르겠네…. 하하

여전히 쓰린 시선으로
끼니는 잘 챙겨먹어?

아침에는
두유 한 컵, 인절미 한 쪽, 계란 한 알,

사과는 기본이고 철 따라 삼색
과일, 비타민과 혈압 약을
그리고 점심에 고기를 먹었으면
저녁에는 생선을 챙겨 먹어
됐우?

그래야지

틀이 빼 미수米壽의 어머니 입가에
번지던 그 미소
내 가슴에 터 잡고 앉아있네

아버지

그 날 선산先山에서 아버지를 광중壙中*에 하관下官* 하는데
“일을 해야지” 아버지의 말이 귀를 울린다

지주의 장남으로 태어나
젊어서는 김화군金化郡의 정구 선수였다

장년壯年에 들어서는
재산을 관리 하던 집안 집사執事를 압박하여
금고 열쇠를 받아 내
친구에게 양복을 사 입히고
일본으로 만주로 함께 유람하며 탕진했다

8 15해방, 6 25사변으로 세상이 바뀌고
가세가 기울면서 아버지는 삶에 대한 후회와 고통을
감당 못하셨는가 정신 줄을 놓았다

때때로 먼 허공을 바라보며 앉아 계시거나 온 집안을
들락날락 하면서 “일을 해야지”하시던 아버지

* 시체를 묻는 구덩이 속
* 관을 광중에 내림

어머니

은행에 다니다 명퇴를 하고
뒤늦게 운전을 배우는
할머니의 막내딸

오늘 마지막 주행시험을 보러
집을 나섰다

쫓기듯 현관에 들어서는 막내딸
엄마! 나 백점 먹었어

그래? 수고했다
내가 낳은 자식들은 다 보통은 해

방 한 구석 방석 위에 앉아
코를 묻고 있던 눈치 훤한 누렁이
할머니 쪽으로 고개를 뽑으면서
나 두(컹컹)

밥 맛

상머리에서 밥은 먹지 않고
부산하게 이리저리 왔다 갔다 하는
어린 손녀에게
할머니는
김쌈을 싸가지고 쫓아다니면서
아가! 다섯 개만 먹자하고는
하나 둘 셋 넷, 둘 셋 넷 하며
손녀의 정신을 혼동 시켜가면서
밥을 먹였다
그 손녀는 어른이 된 지금 식탐은 없어도
반찬은 가리지 않고 맛나게 밥을 많이 먹는다

나는 밥맛을 잃었다가도 그녀와 같이
밥을 먹으면 밥맛이 난다

전천후全天候 식성

어머니가 만들어 주시던
김치 튀각 산적 만두 송편 등
내가 좋아하는 음식은
어머니가 돌아가시고 나자
그 맛을 잃었다

해가 갈수록
특별히 먹고 싶은 것이 없어도
불행하지 않다
하루 세 끼 균형 잡힌 음식이면
만족 한다

신문, TV등 각종 매체에서 쏟아져 나오는 건강 정보에
무엇을 잘 먹다가도 몸에 해롭다면
입맛이 뚝 떨어지고

먹기 싫던 음식도 몸에 이롭다면
의무적으로 먹는다

다만 끼니 때 무엇을 먹을까 선택
해야 하는 것이 괴롭다

잘 갖춘 밥상
챙겨주는 이 있으면
아쉽지 않겠다

벽시계의 초침은

암정리 들녘
가을걷이를 끝낸 마른논에
한 묶음의 햇볕이 한가롭다

이삭 줍던 행랑채 할머니
걷어 올린 앞치마가
수북 했다

구멍 난 밀집 모帽 쓴 허수아비
바람 따라 허허대는데
질겁한 참새 떼 하늘로 치솟았다

메뚜기를 구워먹던 아이들은
세월歲月등에 업혀, 단풍드는 나무로 다가온다

저녁 짓는 연기에 휩싸이던 마을은
간데없고
공장의 굴뚝에선 먹구름을 뿜는다

벽시계의 초침은 나를 끌고 간다

자장가
- 전설

할머니! 옛날 얘기 해줘
오늘은 그냥 자자
"으응 싫어"
옛날에 처녀 셋이
산에 나물을 뜯으러 갔대
"응"
한참을 가는데
높다란 바위 아래
고사리가 무더기로 나 있드랜다
처녀들은 노래를 부르면서 신나게 나물을 뜯어
바구니에 담는데
커다란 바위틈에 예쁜 새끼 고양이 세 마리가
놀고 있더래
"그래서?"
처녀들은 바구니를 내려놓고 다가갔대
아이 예뻐라 하면서 꼬물대는 고양이 새끼를
품에 안고 뽀뽀를 하는데
바위 꼭대기에서 으-흥 하는 소리가 나
쳐다보니까
큰 호랑이 한 마리가 바위 위에 앉아
아래를 내려다보고 있더래
"아이 무서워, 그래서?"

처녀들은 깜짝 놀라 정신없이 뛰어 집에 왔는데
아침에 일어나 보니까
대문밖에 바구니가 놓여 있었대
호랑이가 제 새끼를 예뻐해 준 것이 고마워서
집집마다 바구니 속에 잘 생긴 산 삼 한
뿌리를 넣어다 주었대
"으응, 그랬구나"

이제 그만 자자
"응" 손녀는 눈꺼풀이 무거워진다

공포恐怖

1951년 봄 김화군*
폭격에 폐허 된 읍내 마을들
사람들은 가족을 이끌고
살길을 찾아 떠났다

대성산 골짜기
하늘을 가린 무성한 나무들
공습을 피해 이곳에 온 사람들
집집마다 방공호를 파고
나무를 잘라 지붕을 덮었으며
구들을 놓고 솥을 걸고 연명을 했다

어느 날 땅거미가 질 무렵
밥 짓는 연기를 감지 못하고
폐부를 찌르는 칼날 같은 소리를 지르며
날개를 모로 세우고 돌아가는 정찰기

그 후, 팔에 완장을 한 인민위원장이
모든 사람을 모아 놓고
"이곳이 위험합네다! 떠나야 하오. 낮에는
공습이 있을 것이니 밤에 떠납네다.
날래 준비하고 나오기요."
그리고는 긴 행렬이 이어졌다

심상치 않음을 느끼고
큰 방공호에 모여 앉은 세 가족
北으로 가는 피난 대열에서 이탈,
산속으로 들어와 하루를 십년처럼 은둔의
시간을 보내면서 때를 기다린다

그 밤
애 ㅡ ㅇ 머리위로 포탄 날아가는 소리
쾅 쾅 포탄 터지는 소리
우지직 우지직 탄피에 맞은 나뭇가지
찢기는 소리

무릎을 맞대고 사시나무 떨듯 부들부들
공포에 얼빠진 눈망울들
아이를 껴안고 아이고 하느님 하느님 부르짖는 아주머니
이불을 쓴 채 배설을 하는 할머니
나는 속으로 반야심경을 독송 했다
어머니의 뜻에 따라
포성은 멎고, 한참 적막한 시간이 흐른 뒤
방공호 주인인 문수 아버지
"이제 때가 오는 것 같다"
불안한 기색은 여전하다

동틀 무렵
숲을 가르며 다가오는 기척에 머리가 쭈뼛 모두 긴장하는데
어디선가 군軍수색대가 들이 닥쳐
"모두 나오시오!"
나는 어른들 하는 대로 두 손을 들고
만세 하면서 밖으로 나왔다

잠시 심문訊問을 받고, 남南으로 떠날 채비를 하러
각기 자기 방공호로 돌아왔다
우리는 독촉에 못 이겨
땅에 묻어둔 귀중품을 챙기지 못한 채
어머니가 그 무거운 재봉틀 대가리 하나를 이고
간단한 짐을 챙겨 사람들이 모여 있는 행길로 나왔다
국군의 인솔로 트럭에 올라
할아버지 아버지 오빠가 넘은 선線(삼팔선)을
남은 가족이 넘었다

60년이 지난 지금
그곳은 비무장지대

* 新철원

3부

수묵 담채화水墨 淡彩畵

머얼리 운무雲霧에 가리운
산 능선들
가물거리는 기억처럼 아련하네

기암절벽
바위틈을 비집고 모로 나온
소나무들
외줄 타는 곡예사처럼 기우뚱
온 몸으로 대명천지大明天地를 들이마시네

산중턱
고즈넉한 정자亭子 안
갓 쓰고 돌아앉아 생각에 잠긴
사람은 이응노 화백畵伯인가

산 아래
앞치마 두르고 걸어오는 여인
똬리를 받쳐 인 물동이 속
출렁이는 마음은

멧새 한 쌍 날아오르네

나도 오르네

미루지 말자

구월 도서관 담 벽 위
개나리
허리를 굽혀 늘어뜨린 손으로
스쳐가는 내 머리를 잡아당긴다
왜 그래?
놀다 가라구?
가만있어 내가 지금 바빠
웃으면서 지나쳤지요

그 저녁
뇌성이 번쩍
밤하늘을 삼키고 간 뒤

젖은 보도에
즐비하게 누워있는 꽃잎들
길 건너
인조 폭포에서 쏟아지는 낙수소리

스스로 떠날 때를
아는가봐
젖은 꽃잎이
밤 유리창에 매달린다

경계境界

동지 지난 바람 속에선
몸살을 한다
나목들 사이에 선
단풍나무, 차마
밀착하는 제 살을 털어내지 못해
마른 손가락을 오므려
바람을 만진다

해 진 뒤 잔광처럼
담벼락 밑 희끗한 잔설처럼
영하의 거리는 팽팽한데
단풍나무 지난 가을의 꿈을 꾸고 있다

나무속에 얼었던 물결이 풀리는가
신갈나무 참나무 팔배나무 산수유
온 나뭇가지에 돋아난 돌기들
임부의 유두처럼 거뭇거뭇하다

허공에 갈래 줄을 그으며 떠나가는
기러기 떼

초동初冬의 길

철마산 비탈진 언덕길에
자작나무 가지가
삭풍에 떨고
뒹구는 가랑잎이 발끝에 채인다

산허리 외딴집 헛간에
거미줄
속 시린 행인이 걸음을 멈춘다

저 언덕 너머 나르는
두루미 떼
서리 찬 하늘을 부수며
밤섬으로 가는가

이제 어스름은
나를 데리고
어디로 가나…

긴 긴 밤
화롯불에 고구마 구워주던
손길이 그립구나

연화蓮花

그녀는 시커먼 흙탕물에
몸을 담가
뿌리를 내린다

그녀는
정성을 다 해
제 몸을 닦으면서
온 몸에 구멍을 내고
단전호흡으로 앙금을 내려
몸을 정화 한다

그녀는
몸을 불려
연 잎을 키워 내
연 숲을 만들고,
꽃대를 뽑아 올려
하나 둘 꽃봉을 피워내며
화관을 만들어
저 하늘에 공양 한다

나는 구멍이 숭숭 난 연근蓮根을 사다
조림을 해 밥상에 올린다

파

텃밭에
나란히 고른 연둣빛
파 군단
하늘을 우러러 촉수를 세우고 서 있다

파들,
아침 햇살을 들이마시고
고요히 번지는 달무리와 교감을 하고
나르는 나비, 새들과 마주치는 눈빛으로 소통을 하고
바람이 등허리를 후려칠 때
자세를 가다듬고,
퍼붓는 소나기에 목욕을 하면서
몸을 단단히 부풀려
진초록 옷으로 갈아입는다

환하게 속 비운 파들
소명을 다 할 채비를 한다

내 손에 먼저 뽑혀 나온 파
마늘과 함께 곰국에 들어가
누린내를 없애고,
김치, 생선조림, 나물 무치는 어머니 손끝에

휘감겨 향과 맛을 보태며
맛에 조화를 이룬다

나는 한방에 감초와 같은 파를 송송 썰어
냉장고에 넣어두고
때때로 불러내
음식을 조리調理 한다

꿈 속

알 수 없는 무엇에 끌려
수락산 샛길을 오른다
발끝에 닿ㅅ는 눅눅한 기운

물 오른 나무 가지엔
연둣빛 봄내음이
감돈다

오르던 산 중턱 양지陽地
허연 수염을 늘어뜨린 바위 위에
황금빛 구렁이가
부처님 얼굴을 하고
가부좌를 틀고 있다

나는 혼비백산
좌로 우로 달아난다(뱀은 직선으로만 간다기에)
이 무엇고?

보슬비

생창리 들녘 논둑에
연초록 옷 입은 뽕나무
듬성듬성 서있네

나뭇가지 휘어잡고
뽕 따는 새댁 입가에
오디 물이 번지고
허리춤 대바구니 속
부드럽고 살찐 뽕잎이
수북하네

누에치는 방에선
보슬비 내리는 소리
누에들 뽕잎 갉아먹는 소리

대바구니 속 뽕잎 풀어놓는 새댁
대견하게 누에들 바라보네

몽실몽실 살 오른 누에들
주름치마 두른 몸으로
요리조리 갉아먹는 왕성한 식욕
비 오는 소리 커지네

문틈으로 스며든 햇살이 살짝
누에 등 위에 앉네

홍시

접시위에 올려 진 냉동 감
청상과부처럼 소복을 두르고
서릿발 같은 한기를 내 뿜네요

감 잎 그리워
소리 내 울다가
정수리에서 눈물을 주르르 흘리더니
그만 지쳤는가
얼음장 소복을 벗어던지고
물 한 바가지 목물을 하면서

드러내는 연하고 달디 단
노을빛 속살

멍충蟲이 쑥대머리에 올라

중앙공원 언덕 길가
무성한 잡초들

이는 바람에 일렁이는
바라구초草 군락

먼 하늘 바라보며
겸손히 고개 숙이는데

하늘 높은 줄 모르는
멍충이 한 마리

쑥대머리 위에 올라 제 키를
세우며 오만을 부리네

해

마을 집 굴뚝에 연기처럼
바람이 몰고 가는
양떼구름

한줄기 햇살,

첫 눈 이고 앉은 계곡
쓸어내리고

주름치마 흐르는 동강東江에
비늘 되었네

허리에 바람 감고
섰는 들국화

햇살 두른 물새 등에 올라
어디로 가는가

나는 노을 하늘 바라보며,
벗어놓고
마냥 가고싶네

액자 속의 메콩강

노을에 물든 강물 위

휘어 늘어진 야자수 나뭇잎이
귀를 세운다

내가 액자 속으로 걸어 들어갔다

음지陰地

1
온 종일 볕이 외면하는 뒤란
오롯이 앉아 있는 풋것들 속
훌쩍 올라온 망초 한 포기엔
얼레빗살 같은 잎새
여린줄기 끝에 촘촘히 달린 흰 잔
꽃송이들
파리한 얼굴로 마주 보며 속삭이고

단풍나무, 목련나무 겹 그늘에 눌린
잔 꽃 풀들
초록 눈으로
지나는 햇빛 한 줌 힘겹게 당겨
목을 축이네

2
파지 실은 리어카 내리고
길섶 바람 타고 앉은 할아버지
주운 꽁초 태우는데
연기 한 줄
젖은 이마 스쳐 올라
빛 사이로 번져가네

4부

도시의 아침

무슨 소리에 잠이 깼다
고쳐 누워 다시 잠을 청한다
신경을 거슬리는 초침 소리
벌떡 일어나 불을 켜고 도로 눕는다

벽에 늘어진 족자 속
뱃머리에 앉은 사공
물살을 가르며 삐걱삐걱 노 젓는 소리
허공을 날으는 물새 소리
캘린더 속 목련, 꽃잎 벙그는 소리

10층에서 물 내리는 소리
부스럭 툭, 신문 들어오는 소리
귀에 익은 우유배달 아주머니 잰 발걸음 소리
동틀 무렵 창 밖
선홍의 십자가 총총, 하늘로 피어오르는 기도소리

포개놓은 성냥갑 같은 아파트 유리창
햇살 부서지는 소리
도로에서 들려오는 지하철 공사 굉음소리
열 받은 주전자, 수증기 뿜어내는 소리

소리에 소리가 눌리고 솟는 도시의 아침

자유공원 벤치에

별이 놀고 있는
자유공원 벤치에
목발 짚은 한 사람
밭이랑에 무 씨 뿌리듯
모이를 뿌리며 새를 부른다

구구루 쿠구 구구루 쿠구
목울대를 조아리며 다가가는
비둘기 떼
무리에서 쳐진
멧비둘기 한 마리
절룩거린다
어느 골짝 터 잡고 살았을
저 비둘기
비둘기 모이 주는 사람 눈시울엔
그늘이 어른어른

나는 벚나무 등에 기대
월미도 바다 수평선 너머
먼 하늘 바라본다

민들레를 본다

구월로 극동아파트 앞길을 가던
순이, 보도 불럭 틈새로 올라온 민들레
한 송이를 본다

대 낮 봄볕으로 치장을 하고
오가는 이들과 눈을 맞추며
환하게 웃는 모습이 애처롭다
해가 언덕을 넘고 밤이 되면
스쳐가는 발길에 차이고 밟혀
온 몸에 상처를 입을 저 민들레
어느 바람이 너를 이곳에 떨구고 갔느냐
순이는 제 모습을 보는듯하다

방직공장에 들어가 돈을 벌어
소작小作을 하는 부모님께 땅을
사 드리려는 꿈을 안고
서울로 올라왔다, 허나
대합실에서 직업알선을 가장한
중년의 포주抱主에게 이끌려
어두운 동굴로 빠져들었다
자포자기한 순이, 밤과 낮이 바뀐
한 많은 세월을 보내면서

부모님께 땅을 사드리고
동생들 학부교육을 시켰으나
가족들은 집안 혼사를 앞둔
가문의 수치라 여겨
받아들이지 않았다

병든 몸을 이끌고 동굴에서 벗어난 순이는
보이지 않는 길을 더듬다가 민들레를 본다

모자母子

제물포고등학교 옆 영수학원에서
아들의 학원비를 면제 받기위해
허드렛일을 하는 홀어머니 이마에
땀방울이 맺히는데
사각모帽 쓴
아들의 모습을 그리는 어머니
다리에는 힘이 솟는다

어머니를 도우려고
수업이 끝난 교실에 남아
원생들이 어지른 자리를
정돈하는 아들
창밖 복도에서 마포질을 하는
어머니 모습에 주먹은 불끈
눈시울이 젖어든다

용화선원龍華禪院

범종*각(梵鐘 閣)을 두른 숲 언저리
다소곳이 앉아 있던 수국이
꽃피울 마음을 먹었는가
잎사귀를 세우고
허리에 힘을 준다

솔잎은 바람에 설레는데
나뭇가지에 죽지 내린 외 비둘기
법당에서 구르는 목탁소리에
목울대를 조아리며 중얼거린다

나는 남루襤褸*를 벗으려고 선禪방에 든다

* 큰 종
* 누더기

383 번지

일명一名 옐로 하우스
허나, 노란 집은 보이지 않고

즐비하게 늘어선 집 대문에
2호 8호 11호 25호
홀. 짝수의 번호가 눈길을 휜다

땅거미가 질 무렵
고요 속에 잠겼던 383번지 일대가
잠에서 깨어나듯 태동을 한다

집집마다 청. 홍등이 밝혀지고
붉은 장미로 가장한 빛 잃은 눈망울들
문 밖을 서성인다

활짝 열린 문 안
진열장 같은 거실巨室엔
현란한 장미들

연기 자욱한 가슴속에 무슨 꿈을 키우는가…

자정이 지나 비척비척 방황하던 수컷

불빛으로 빠져드니

툇마루에 걸터앉아
지폐를 헤아리던 샤일록* 같은 화상
자리를 뜨는데
진열장 속 요정들 일제히 목을 뽑는다

나는 납덩이 하나 명치에 달고
그 곳을 걸어 나온다

* 베니스의 상인에 나오는 고리대금업자

할머니를 무시해요

간석역 대합실에서 나와 버스정류장 나무의자에 앉으려는데 버려진 고양이가 얌전히 무릎을 꿇고 앉아있다 나는 웬일 하면서 고양이 옆에 앉아 머리를 쓰다듬다가 먹을 것을 주고 싶은 생각에 자리에서 일어나 역 주변에서 팔고 있는 찐 옥수수 한 봉지를 사가지고 왔으나 고양이가 보이지 않아 응? 어디 갔지 하고 두리번거리는데

"여기 있어요"

소리 나는 쪽을 바라보니 고양이는 대학생인 듯한 반바지 차림의 소녀 무릎에 평화롭게 앉아있다 나는 다가가 소녀에게

"고양이를 길러봤어?"

"네"

"그렇구나"

나는 옥수수 알맹이를 뜯어 고양이에게 먹이려는데 녀석은 받아먹지 않고 내 손을 핥으며 앞발로는 내 팔을 잡고 당기고 만지면서도 내게 오기를 거부 한다 문득 고양이도 청춘을 좋아하나 생각하니 순간 서운한 감이 든다

다음 날 외출을 하고 돌아오면서 아파트정문에 들어서는데 낯 익은 새댁이 하얀 옷을 입은 강아지를 안고나온다 나는 품에 안긴 녀석이 예뻐서 눈을 맞추며 다가서는데 나를 보더니 녀석은 꼬리를 흔들면서 캉캉 하고 짖는다

내가 멈칫하니까 개를 안고 있는 새댁이 웃으면서

"애가 할머니들을 무시해요, 보세요 좋다고 꼬리를 흔들면서도 할머니를 얕잡아 보는 거예요."

나는 그 말을 들으면서

아~ 너희들까지!

연민憐憫

허름한 차림의 할머니
다리는 활처럼 휘고
허리는 기억자로 구부러져
숙여진 고개로 뒷짐을 쥐고 걸어온다

두 손엔 빈 맥주병 대 여섯 개 들린 비닐봉지
그 순간 내 무릎이 아프다

할머니 그렇게 무거운 걸 들고 다니면
무릎관절이 나빠지고 더 심해지면 걷지도 못해요

고마워요
입에 풀칠을 해야 하니 하는 수 없죠

할머니 떠난 자리에
내 아픈 무릎이 우두커니 서 있다

오늘의 풍경

구월 사거리 공원 앞길
가지를 떠난 잎사귀들
자동차 바퀴 따라
달리느라 곤두서고

길 건너 미장원을
막 나온 청년의
앞머리가 곤두서고

핸드백 걸친 어깨를
쫓기듯 스쳐가는 여자
하이힐이 곤두서고

울상 짓는 아이 손잡고
청신호 건너는 엄마
신경이 곤두서고

저마다 발뒤축을 들고
흔들리며 어디론가
달려가는 길이 곤두서고

복사꽃이 환하다

인천 가는 전동차에 들어선 노부부老夫婦
햇살 묻은 경로석에
서둘러 몸을 싣고
숨을 고른다

눈 감고 앉아 있던 할아버지
"누구냐 응, 사이즈는, 그래 됐다"
"누구유?"
"며느리야, 내 바지를 샀대, 당신 것두"
"내 것 두?"
"응, 그래 알았다"
"사지 않기를 잘했네"

노부부老夫婦 입가에 복사꽃이 환하다

전동차 안

신도림역에서 성북행 전동차를 탄다
창을 통해 들어오는 눈부신 햇살
앞에 앉은 승객의 어깨를 넘어
내 무릎을 어루만진다

한참을 가는데 서 있던 한 아이가
눈 감고 앉아있는 남자男子 정강이를 툭 찬다
차인 어른이 반응이 없자 다시 차고, 또 찬다
이 때 아이 아버지가 "아서! 아저씨가 욕해" 한다
그 광경을 보고 있던 한 여인
무슨 말을 그렇게 하세요
아저씨가 욕하지 않으면 그래도 되나요?
주위 사람들의 시선이 쏟아지고
차는 신이문역에 정차 한다

부자父子는 어느 틈에 다른 칸으로 사라졌다

창밖엔
감 빛 노을 쓴 구름 한 덩이
달리는 전동차 반대 방향으로 속력을 낸다

처서處暑

1
자유공원 샛길
후끈 뿜어내던 초록 숨결 잦아들고
분수대 물줄기 사이사이 뛰어들며
여름을 적시던 아이들이 사라지고
나뭇잎에 날개 접고
꽁지를 들썩들썩
기승을 부리던 매미소리 수그러지고
공원 벤치에 땅거미 질 무렵
시름보따리 베고 누워
흐르는 별빛에 가슴 적시던 노숙자
보이지 않네

2
송도 앞바다 모래위에
번개처럼 모인 문우文友들과
한 잔 술에 떠들썩 풀어 놓은
낭만의 조각들을
넘실대는 파도가 주워 모아
아득한 수평선으로 흘려보내고,
절기節氣의 바람은
모래위에 찍힌 흔적들을 지우는데

파라솔 그늘에서
흰 이 들어내며
환하게 웃던 그 사람 선명 하네

중앙공원

인천시내 한 가운데
새로 만든 중앙공원
나뭇가지들
신작로를 구르는 소음에 귀를 세우네

사방에서
풀벌레 소리는 아침을 흔들고
길 건너 아파트 옥상 모서리
햇살 부서지는 소리에
하늘 품은 이슬이 풀잎에 길을 내며
돌 틈으로 스미네

지워진 숲 언덕
판자촌 사람들의 아우성은
나뭇잎으로 잔디 위를 뒹구는데
흩어진 사람들의 둥지는 어디로 갔을가

언덕을 오르는 내 숨소리
바람결에 묻어가네

몽고반점은 같은데

아침 아홉시 경
산부인과 이 층 복도 끝
마주보고 있는 202호
203호

초산의 임부가
언니의 부축을 받으며
202호실로 들어간다

같은 시간
땀으로 얼룩진 얼굴에
가방과 백을 한 손에 몰아들고
고개를 숙인 채
한 소녀가
간호사를 따라 203호실로 들어간다

점심때가 된 시간
한 젊은이가 허둥지둥 복도를 지나
202호실로 들어가고 여러 사람이 들고 난다
자정이 지나 간간이 흘러나오는 신음
비명의 반복
마침내 새벽 병실을 먼동처럼 밝히는 생명의 탄생

죽은 듯 조용한 203호실
뒤늦게 간호사 혼자 산실을 지키는데
때가 된 듯 의사선생님이 잰 걸음으로 들어간다

신생아의 힘찬 울음이 울리는데
악 한 번 쓰지 못하고
어금니가 으스러지도록 이를 악물은
생生
볼기짝에 찍힌 몽고반점은 같은데

꽁초

추리닝을 입고 극동 아파트 앞
공원을 향해 걷는데
담배 냄새를 풍기면서 뒤에 오던 중년의 신사
나를 제치고 내 앞에 간다
기침이 난다
숨이 막힐 것 같다

신호등에 걸려 멈춰선 신사
입에 문 담배꽁초를 휙 길섶에 던진다
옆에 섰던 행인이 여보시오 하는 순간

나는 바람에 쓸려가며
반짝이는 꽁초를 따라가
밟아 끈다

세상은 살만해

엘리베이터 문이 열리고
지팡이를 짚은 한 노인이 나온다
수위가 달려와
차를 잡아 놨어요 하면서
노인을 도와 택시에 앉히고
잘 다녀오세요 할머니

서울대학병원 정문 앞
한 할머니가 불편한 몸으로
택시에서 내린다
차례를 기다리고 섰던 청년이 다가가
노인을 부축하며, 어디로 가세요? 혼자오신 것 같은데
내과로 가려구

할머니! 할머니 차례가 아닌데요. 간호사가 제지 한다
알고 있어, 노인은 막무가내로 들어간다
할머니! 순서를 지키셔야지요, 의사의 말이다
아니, 법을 만드는 국회의원들이 치고받고 싸우는 판인데
이 늙은이 하나 순서가 뭐 그리 대수라구
의사는 웃으면서 어디가 불편하세요?
내가 이 병원에 입원을 했었는데 여기서 처방해준 소화제가
잘 듣습디다 그런데 약국에는 없대요

그 약을 타 가려고 왔수
처방을 끝낸 의사는
할머니, 앞으로는 보호자 하고 같이 오셔야합니다

내과를 나온 노인은 당혹한 표정이 되어
어찌 이런 일이, 아직도 나를 기다리다니 고맙기도 해라
청년은 다시 노인을 부축해 택시에 태우고
조심해서 가세요 할머니
택시 기사는 난처한 듯 할머니 혼자세요?
젊은이 하고 일행인줄 알았는데
왜 내 돈은 싫어?
집을 찾을 수 있으세요?
몰라, 기사는 떠나지을 못하고 머뭇거린다
엷은 미소를 머금은 노인, 어서 동대문 쪽으로 가요
이문동 삼한 아파트에 도착하자 수위 아저씨가 달려 나와
이제오세요 하면서 노인을 부축한다
노인은 차에서 내린 기사에게 세종대왕 두 분을
건네면서 거스름은 고만둬요 잘 왔시다
고맙습니다 멋쟁이 할머니
기사는 입이 귀에 붙어 떠난다
집에 돌아온 노인
나들이옷을 벗으면서, 세상은 살만해

종점終點

- 노숙자 합숙소

땅거미가 질 무렵
헛간 같은 판자 집 앞 공터에
폐차가 다 된 트럭 한 대
지친 몸을 누이고 있는데
미처 털어내지 못한 우유팩 조각
리어카 모서리에 달고
가쁜 숨으로 올라온 김씨
끌고 온 리어카를 트럭 바퀴 옆에 기대놓고
허리춤에서 때 묻은 수건을 뽑아
이마를 닦으며 판자 집으로 들어간다

칸막이 방 한구석에
수수깡처럼 마른 사십대 후반의 사내
콜록콜록 잔기침을 시작으로
숨이 턱에 닿을 듯
입을 막고 밖으로 뛰쳐나간다
쓰레기통을 뒤지다 인기척에 놀란
점박이 고양이 한 마리
잽싸게 리어카 밑으로 들어가
입맛을 다시면서 꽁지를 곧추세우고
때를 기다리는 듯
후미 진 곳에 구부리고 뒤돌아 앉아있는

사내를 노려본다

노름으로 가산을 탕진하고 집에서 쫓겨나
버려진 트럭을 손봐
고물을 사다 파는 초로의 염씨
초상집에서 한 잔 하고 왔다면서
라면상자를 옆구리에 걸치고 와서는
왼쪽 팔 다리 마비된 오십대 장애 男과 동거하는
비대한 여섯 살 연상의 금녀에게
"아주머니 이거 받으슈" 하고 건넨다

서로 손 발이 되어 기형으로 살아가는
늑골시린 동숙자同宿者들,
움츠린 시름 안고 자리에 드는데
판자 틈 사이 무심한 달빛은 흐른다.

□ 해설

경계를 넘어 시의 세계로

– 김혜숙 시인의 시집 『경계』에 부쳐

홍 문 표

(평론가 · 시인 · 전 오산대학 총장)

김혜숙 시인이 이번에 『경계』라는 시집을 낸다. 우선 시집 발간을 진심으로 축하한다.

김 시인은 이번 시집의 제목을 『경계』라 하였다. 사전적으로 말하면 사물이 어떠한 기준에 의하여 분간되는 한계라고 하지만 사실 우리들 인생에게는 너무나 많은 경계가 있다. 국가적으로는 국경이 있고 우리의 경우엔 동족인데도 총부리를 겨눈 가혹한 분단선이 있다. 그런가 하면 인간들은 저마다 땅에 경계선을 긋고 집집마다 탱자울타리를 하고 철조망을 치고 콘크리트 담벼락을 쌓는다. 그러나 이런 것들은 외적인 경계일 뿐이다. 내적으로는 얼마나 많은 경계선을 긋고 있는가! 저마다 개성이니 자존심이니 존재감이니 하면서 서로 간에 가지각색의 울타리를 치고 자신의 아집 속에 칩거한다.

그런데 경계란 그처럼 너와 나, 주체와 객체의 넘나들 수 없는 경계선만 있는 것이 아니라 잘못하는 일이 일어나지 않도록 미리 조치하는 언행을 의미하기도 한다. 그러니 경계는 이래저래 접근하기 어렵고, 넘어서기 어려운 어떤 공간이라는 생각이 들기에 조금은 두렵기도 하고 조금은 위태롭기도 하다.

그렇다면 김시인은 어째서 이처럼 다양한 의미와 생각을 심각하게 던져주는 경계라는 말을 시의 제목으로 하여 이번 시집에 도전하였을까. 그 진실을 살펴보기 위해서는 먼저 이번 시집 속에 수록된 「경계」라는 그의 작품을 먼저 살펴보아야 하겠다.

> 동지 지난 바람 속에선
> 몸살을 한다
> 나목들 사이에 선
> 단풍나무, 차마
> 밀착하는 제 살을 털어내지 못해
> 마른 손가락을 오므려
> 바람을 만진다
>
> 해 진 뒤 잔광처럼
> 담벼락 밑 희끗한 잔설처럼
> 영하의 거리는 팽팽한데
> 단풍나무 지난 가을의 꿈을 꾸고 있다
>
> 나무속에 얼었던 물결이 풀리는가
> 신갈나무 참나무 팥배나무 산수유
> 온 나뭇가지에 돋아난 돌기들
> 임부의 유두처럼 거뭇거뭇하다
>
> 허공에 갈래 줄을 그으며 떠나가는
> 기러기 떼

–「경계」

김 시인의 이번 시집에서 말하고자 하는 경계는 어떤 기준에 의해서 분리된다는 한자어 경계境界를 명시적으로 드러내고 있다. 그러나 시에서 제목이란 그가 드러내고자하는 작품의 내용을 상징적으로 드러낸 깃발이기에 그 작품의 내용을 분석해보아야 한다.

시인은 첫 연에서 동지 지난 바람 속에서 몸살을 하는 단풍나무의 마지막 안간힘을 보여준다. 동지冬至는 바로 날이 짧은 날이다. 하지로부터 낮이 짧아지고 밤이 길어지면서 동짓날에는 극도로 낮이 짧아 혹독한 추위와 밤이 극점을 이루는 날이다. 그렇다면 동지라는 경계가 내포하고 있는 의미는 밤과 낮의 경계요, 겨울과 봄의 경계요 어둠과 빛의 경계요 나아가서는 겨울의 죽음에서 봄의 재생으로 전환하는 경계다. 이처럼 동지의 경계는 모든 것이 끝나는 생명의 종점으로서의 경계만이 아니라 모든 생명이 다시 시작되는 출발점으로서의 경계라는 의미를 아우르게 된다.

그렇다면 김 시인의 이번 시집에서 경계를 제목으로 한 것은 두렵거나 답답한 마지막의 경계가 아니라 어둠에서 밝음으로, 겨울에서 봄으로, 죽음에서 생명으로 부활하는 희망과 기쁨의 경계가 되고 있음을 예견하게 한다. 그래서 알몸으로 떨고 있던 단풍나무가 마른 손가락으로 동지가 지난 생명의 바람을 만지게 된다.

그러한 행위는 2연에서 비록 해진 뒤 추위는 아직도 영하의 겨울이지만 그래도 단풍나무는 지난 가을의 화려했던 시절을 꿈꾸며 소망을 갖는 것이다. 그리고 이러한 출발점으로서의 경계는 3연에서 신갈나무, 참나무, 팥배나무, 산수유 등에서 더욱 확실한 징후를 보이고 있다. “온 나뭇가지에 돋아난 돌기들/ 임부의 유두처럼 거뭇거뭇하다”는 것이다. 이처럼 김 시인의 이번 시집이 보여주는 경지는 더 이상 갈 수 없는 철조망이거나 아니면 결코 넘어설 수 없는 콘크리트 담벼락이 아니라 새로운 세계로 넘어가는 희망과 창조의 출발점이고 전환점으로서의 경계가 분명해지는 것이다. 이를 다시 재확인하는 구절이 바로 마지막 연 “허공에 갈래 줄을 그으며 떠나가는/ 기러기 떼”다. 기러기는 겨울의 시작이 아니라 겨울이 끝났음을 알리는 새로운 시작의 경계선이 되는 것이다.

이처럼 김 시인의 경계는 어둡고 추운 경계선을 확실히 하는 철조망이 아니라 그 경계를 넘어 밝고 따뜻한 세상으로 넘어가는 경계를 드러내고자 하는 것이 이번 시집 경계가 주는 메시지일 뿐만 아니라 그의 시학이고 그의 인생철학이라고 해야 하겠다.

그러한 시학이 구체적으로 드러내고 있는 것이 제 1부에 배열된 시들이다.

책상 모서리에 앉은
분청자기 화분에
미끈한 세 촉의 옥화란이
내 마음 파아랗게 물들이네

어느 날 불현듯
꽃대 하나 올라 와
다섯 송이 꽃망울

해와 달이 뜨고 지니
꽃망울 하나 두울
얼굴 드러내 하얗게 웃는다

나는 먹물에 마음 풀어
한 촉 두 촉 난을 치니
방안 가득 그 향이 은은하네

–「옥화란」

밤은 깊어
솔바람에 흔들리는
풍경소리

선 방 창에 비친
그림자는

나뭇잎을 두드리는
가을비에
젖은 누더기를 벗는다

－「젖은 누더기를 벗는다

고갯마루를 훑어 내린 바람
갈대숲을 모로 누이고

고요 속에 잠긴 호수를 쓸어
햇살에 물든 수면
비늘처럼 반짝 인다

덕숭산德崇山 가는 길목
붉게 탄 나뭇잎이
후려치는 바람에 찢겨
뚝
뚝
발등에 떨어진다

바람은 자고
어둠이 길 섶 마른 숲을 지우는데

나뭇가지 사이 흐르는 별빛은
나를 싣고

－「바람은 」

작품 「옥화란」은 난과 나와의 관계에서 옥화란이 어떻게 경계를 넘고 있는지를 보여주고 있다. 옥화란은 단지 관상식물일 뿐이다. 과학적으로 보면 나와 옥화란은 인간과 식물로서 아무런 관계가 없다. 그것이 과학적 경계다. 그러한 과학적 경계를 시인은 시적 경계로 전환시켜 나와 밀접한 관계를 맺는다. 첫째 연에서 옥화란이 내 마음을 파랗게 물들인다 했다. 원래 내 마음은 색깔이 없다. 그것이 내 마음의 경계다. 그런데 옥화란과 내가 시적인 상상력을 통해 새롭게 경계를 넘는다.

그런데 이런 경계 넘어섬은 바로 시의 본질이고 시의 정신이기도하다. 시가 무엇인가. 그것은 메타포metaphore다. 메타포란 원래 넘다cover와 이동하다carrying란 뜻이 합성된 말이다. 따라서 시의 본질은 기존의 경계를 넘어 새로운 세계를 창조해가는 과정이다. 그러한 시학에 충실한 것이 바로 「옥화란」의 경계 넘기다. 3연에서 옥화란 꽃망울이 "얼굴 드러내 하얗게 웃는다"했다. 이것도 경계 넘기다. 얼굴이란 의인화도 그렇거니와 "하얗게 웃는다"도 경계 넘기다. 이런 경계 넘기는 마지막 연의 '먹물에 마음 풀어'도 그렇다.

작품「젖은 누더기를 벗는다」에서는 "선 방 창에 비친 그림자는// 나뭇잎을 두드리는/ 가을비에// 젖은 누더기를 벗는다" 했다. 여기서 그림자란 시적 화자의 번뇌 망상에 있는 자화상이다. 그러한 자아가 '누더기를 벗는다'했다. 이것은 시적인 경계의 벗어남이기도 하지만 번민하는 영혼의 경계를 벗어나는 종교적 의미마저 포함하고 있다.

작품「바람은」은 바람의 경계 벗어남이 잘 드러나고 있다. 바람은 자연 현상 일뿐이다. 그러한 과학적 경계가 시인의 상상력을 통해 시적인 경계로 전환하고 있음을 보게 된다. 이 시에서 바람은 자연현상이 아니라 매우 의지적인 바람이 된다. "고갯마루를 훑어 내린 바람/ 갈대숲을 모로 누이고// 고요 속에 잠긴 호수를 쓸어/ 햇살에 물든 수면/ 비늘처럼 반짝인다" 여기서 바람은 제멋대로 부는 바람이 아니라 자연을 다스리는 바람, 고갯마루를 훑어 내리고, 갈대숲을 모로 누이고, 호수를 쓸어내린 나뭇잎을 후려치는 의지적인 바람이 된다.

그렇다면 이렇게 일상적이고, 과학적인 사물의 경지를 넘어 시적인 경계로 나아가려는 시인의 진심은 또 무엇인가. 그리고 시인이 시를 쓰는 궁극적인 목적은 무엇인가. 그 점 또한 중요한 문제다. 시인이 시를 쓴다는 것은 단지 어떤 사물을 아름답고 멋지게 꾸미는 수사학적 기교에 있는 것이 아니라 시를 통해서 어떤 세계를 꿈꾸는 것이 중요한 것이다. 그런데 김 시인은 인용한 세 시만 보아도 「옥화란」에서는 묵향과 난향과 내 마음 함께 어우러진 "방안 가득 그 향이 은은하네"의 세계다. 서로가 기존의 경계를 풀고 어우러져 향기가 나는 세계를 구축하는 것이다. 「젖은 누더기를 벗는다」에서는 그림자로 있던 세속의 경계, 바로 누더기의 세계에서 누더기를 벗는 실상의 세계를 회복하는 것이다. 「바람은」에서는 바람이 헝클어진 자연을 평정시킨다. "나뭇가지 사이 흐르는 별빛은/ 나를 싣고"의 세계가 된다. 바람이 과학의 경계를 넘게 되자 별빛이 나를 실어 우주와 나, 자연과 인간, 별과 내가 화해하는 물아일체物我一體의 세계가 된다. 이렇게 시인은 기존의 경계를 벗어나 향기 나는 세계, 실상의 세계, 화해의 세계를 꿈꾸고 있는 것이다.

제 2부의 시들에서는 할머니와 어머니와 가족들이 중심을 이룬다. 가족이란 무엇이고 혈연이란 무엇인가. 요즘 핵가족 시대에 접어들면서 노인에 대한 관심이 문제가 되고 있다. 철저히 이기적이고 개인적인 세대 간의 갈등을 빚게 되고 분열을 야기하게 된다. 그것이 물신시대 가족과 혈연의 경계다. 여기에 시인은 그러한 이기적 경계를 넘어 가족은 여전히 따뜻한 것이고 할머니와 어머니는 여전히 자애와 모성이 있고 그래서 끈질긴 혈연의 정을 느끼는 따뜻한 세계를 소망한다.

칠십대 중반中盤의 서리 내린 할머니가

종로 6가 창신동에 있는 박 소아과朴 小兒科로 들어섰다
어떻게 오셨어요, 간호사의 낭랑한 목소리
"감기가 들어서……."
할머니! 여기는 애들만 오는 소아과병원小兒科病院이에요
"응, 알고 있지!"

웃음소리로 진료실診療室
문이 열리고
홍안紅顔의 원장선생님이
즐거운 눈빛으로
"들어오시지요."

"내일 한 번 더 오세요. 할머니!"
할머니 주름이 날아간다

-「다시 애가 되어서」

은행에 다니다 명퇴를 하고
뒤늦게 운전을 배우는
할머니의 막내딸

오늘 마지막 주행시험을 보러
집을 나섰다

쫓기듯 현관에 들어서는 막내딸
엄마! 나 백점 먹었어

그래? 수고했다
내가 낳은 자식들은 다 보통은 해

방 한 구석 방석 위에 앉아
코를 묻고 있던 눈치 훤한 누렁이
할머니 쪽으로 고개를 뽑으면서

나 두(컹컹)

－「어머니」

「다시 애가 되어서」는 노인을 배려하는 젊은 의사의 사려 깊은 인술을 드러내면서 환자를 돈으로 보는 일부 물신주의적 의사들의 경계를 넘는다. 감기 걸린 할머니가 소아과에 들어왔다. “할머니! 여기는 애들만 오는 소아과 병원이에요” “응, 알고 왔지!” 할머니가 소아과에 들어온 이유가 무엇일까. 할머니는 소아과인줄 알고 왔단다. 여기에 노인의 삶, 노년의 꿈이 있다. 늙으면 어린아이가 된다는 말도 있지만 여기엔 젊어지기를 바라는 노년의 내면적 연민을 담고 있는 것이다. 내일 또 오라는 말에 “할머니 주름이 날아간다” 현명한 의사의 배려와 노년의 숨길 수 없는 생에 대해 집착이 잘 조화를 이룬다. 노년과 젊은이의 경계 허물기다.

「어머니」는 딸이 늙었어도 여전히 어린 딸이고, 늙은 딸도 어머니 앞에서는 여전히 응석을 부리는 어린 딸이다. 분열된 가족과 혈연의 경계를 넘어 여전히 따뜻한 모성과 효성으로 뭉쳐진 아름다운 경계를 꿈꾸고 있다.

제 3부에서는 이쪽 경계에서 저쪽 경계, 말하자면 차안(此岸)의 세계에서 피안(彼岸)의 세계에 대한 꿈을 몇 편의 작품으로 배치하고 있다.

머얼리 운무雲霧에 가리운
산 능선들
가물거리는 기억처럼 아련하네

기암절벽
바위틈을 비집고 모로 나온
소나무들

외줄 타는 곡예사처럼 기우뚱
온 몸으로 대명천지大明天地를 들이마시네

산중턱
고즈넉한 정자亭子 안
갓 쓰고 돌아앉아 생각에 잠긴
사람은 이응노 화백畵伯인가

산 아래
앞치마 두르고 걸어오는 여인
똬리를 받쳐 인 물동이 속
출렁이는 마음은

멧새 한 쌍 날아오르네

나도 오르네

-「수묵 담채화」

그녀는 시커먼 흙탕물에
몸을 담가
뿌리를 내린다

그녀는
정성을 다 해
제 몸을 닦으면서
온 몸에 구멍을 내고
단전호흡으로 앙금을 내려
몸을 정화 한다

그녀는
몸을 불려
연 잎을 키워 내

연 숲을 만들고,
꽃대를 뽑아 올려
하나 둘 꽃봉을 피워내며
화관을 만들어
저 하늘에 공양 한다

나는 구멍이 숭숭 난 연근蓮根을 사다
조림을 해 밥상에 올린다

－「연화」

텃밭에
나란히 고른 연둣빛
파 군단
하늘을 우러러 촉수를 세우고 서 있다

파들,
아침 햇살을 들이마시고
고요히 번지는 달무리와 교감을 하고
나르는 나비, 새들과 마주치는 눈빛으로 소통을 하고
바람이 등허리를 후려칠 때
자세를 가다듬고,
퍼붓는 소나기에 목욕을 하면서
몸을 단단히 부풀려
진초록 옷으로 갈아입는다

환하게 속 비운 파들
소명을 다 할 채비를 한다

내 손에 먼저 뽑혀 나온 파
마늘과 함께 곰국에 들어가
누린내를 없애고,
김치, 생선조림, 나물 무치는 어머니 손끝에

휘감겨 향과 맛을 보태며
맛에 조화를 이룬다

나는 한방에 감초와 같은 파를 송송 썰어
냉장고에 넣어두고
때때로 불러내
음식을 조리調理 한다

-「파」

「수묵 담채화」는 화폭에 담겨진 세계를 시의 언어로 다시 그린 것으로 이는 시적 화자가 꿈꾸는 상상력의 공간일 수 있다. 2연에서 바위틈을 비집고 돋아난 소나무들이 외줄 타는 곡예사처럼 보이지만 그것은 온 몸으로 대명천지大明天地를 들어 마시기 위한 것이라 했다. 바로 어두운 세속의 경계를 넘어 사방이 확 뚫린 광명정대한 세상을 바라는 화자의 이상이 바위틈을 비집고 돋아난 소나무의 지조가 있다. 그것은 산 아래서 물동이를 받쳐 든 여인도 그렇고 멧새들도 그렇고, "나도 오르네"로 마무리 하여 시인 자신 의지도 그러함을 강하게 보이고 있다.

이러한 대명천지의 꿈은「연화」에서도 잘 드러나고 있다. 연꽃을 여인으로 한 이 시는 연꽃이 시커먼 진흙탕의 세속적 경계에서 벗어나 어떻게 자신을 정화하고 마침내 꽃을 피워 하늘에 공양하고 인간에게 공양하는 가를 잘 드러내고 있다. 2연에 "그녀는/ 정성을 다해/ 제 몸을 닦으면서/ 온 몸에 구멍을 내고/ 단전호흡으로 앙금을 내려/ 몸을 정화한다"고 했는데 이는 연꽃의 성장과정이지만 사실은 한 구도자의 정진수도과정이기도 하다. 그리하여 마침내 연꽃으로 피어나 하늘에 봉양한다 했다. 이는 진흙의 경계를 넘어 연꽃의 경계로 새로운 세상을 만드는 불교적 사유이기도 하다.

그런데 이러한 공양정신은「파」에서도 잘 드러나고 있다. 파는 먼저 하늘을 우러러 촉수를 세운다. 그리고는 햇살과 달무리와, 나비, 새들과 눈빛으로 소통을 하고 바람이 등허리를 후려칠 때 자세를 바로하고 소나기에 목욕하고 마침내 진초록 옷을 갈아입는 과정은 결코 파의 성장만이 아니라 이는 시적 화자가 꿈꾸는 살신성인의 정진 수도의 과정이다.

한편 제 4부에서 시인의 관심은 각박한 도시 생활의 빛과 그림자를 통해 경계를 넘는다.

무슨 소리에 잠이 깼다
고쳐 누워 다시 잠을 청한다
신경을 거슬리는 초침 소리
벌떡 일어나 불을 켜고 도로 눕는다

벽에 늘어진 족자 속
뱃머리에 앉은 사공
물살을 가르며 삐걱삐걱 노 젓는 소리
허공을 날으는 물새 소리
캘린더 속 목련, 꽃잎 벙그는 소리

10층에서 물 내리는 소리
부스럭 툭, 신문 들어오는 소리
귀에 익은 우유배달 아주머니 잰 발걸음 소리
동틀 무렵 창 밖
선홍의 십자가 총총, 하늘로 피어오르는 기도소리

포개놓은 성냥갑 같은 아파트 유리창
햇살 부서지는 소리
도로에서 들려오는 지하철 공사 굉음소리
열 받은 주전자, 수증기 뿜어내는 소리

소리에 소리가 눌리고 솟는 도시의 아침

-「도시의 아침」

구월로 극동아파트 앞길을 가던
순이, 보도 불럭 틈새로 올라온 민들레
한 송이를 본다

대 낮 봄볕으로 치장을 하고
오가는 이들과 눈을 맞추며
환하게 웃는 모습이 애처롭다
해가 언덕을 넘고 밤이 되면
스쳐가는 발길에 차이고 밟혀
온 몸에 상처를 입을 저 민들레
어느 바람이 너를 이곳에 떨구고 갔느냐
순이는 제 모습을 보는듯하다

방직공장에 들어가 돈을 벌어
소작小作을 하는 부모님께 땅을
사 드리려는 꿈을 안고
서울로 올라왔다, 허나
대합실에서 직업알선을 가장한
중년의 포주抱主에게 이끌려
어두운 동굴로 빠져들었다
자포자기한 순이, 밤과 낮이 바뀐
한 많은 세월을 보내면서
부모님께 땅을 사드리고
동생들 학부교육을 시켰으나
가족들은 집안 혼사를 앞둔
가문의 수치라 여겨
받아들이지 않았다

병든 몸을 이끌고 동굴에서 벗어난 순이는
보이지 않는 길을 더듬다가 민들레를 본다

-「민들레를 본다」

인천 가는 전동차에 들어선 노부부老夫婦
햇살 묻은 경로석에
서둘러 몸을 싣고
숨을 고른다

눈 감고 앉아 있던 할아버지
"누구냐 응, 사이즈는, 그래 됐다"
"누구유?"
"며느리야, 내 바지를 샀대, 당신 것두"
"내 것 두?"
"응, 그래 알았다"
"사지 않기를 잘했네"

노부부老夫婦 입가에 복사꽃이 환하다

-「복사꽃이 환하다」

엘리베이터 문이 열리고
지팡이를 짚은 한 노인이 나온다
수위가 달려와
차를 잡아 놨어요 하면서
노인을 도와 택시에 앉히고
잘 다녀오세요 할머니

서울대학병원 정문 앞
한 할머니가 불편한 몸으로
택시에서 내린다
차례를 기다리고 섰던 청년이 다가가
노인을 부축하며, 어디로 가세요? 혼자오신 것 같은데
내과로 가려구

할머니! 할머니 차례가 아닌데요. 간호사가 제지 한다
알고 있어, 노인은 막무가내로 들어간다

할머니! 순서를 지키셔야지요, 의사의 말이다
아니, 법을 만드는 국회의원들이 치고받고 싸우는 판인데
이 늙은이 하나 순서가 뭐 그리 대수라구
의사는 웃으면서 어디가 불편하세요?
내가 이 병원에 입원을 했었는데 여기서 처방해준 소화제가
잘 듣습디다 그런데 약국에는 없대요
그 약을 타 가려고 왔수
처방을 끝낸 의사는
할머니, 앞으로는 보호자 하고 같이 오셔야합니다

내과를 나온 노인은 당혹한 표정이 되어
어찌 이런 일이, 아직도 나를 기다리다니 고맙기도 해라
청년은 다시 노인을 부축해 택시에 태우고
조심해서 가세요 할머니
택시 기사는 난처한 듯 할머니 혼자세요?
젊은이 하고 일행인줄 알았는데
왜 내 돈은 싫어?
집을 찾을 수 있으세요?
몰라, 기사는 떠나지을 못하고 머뭇거린다
엷은 미소를 머금은 노인, 어서 동대문 쪽으로 가요
이문동 삼한 아파트에 도착하자 수위 아저씨가 달려 나와
이제오세요 하면서 노인을 부축한다
노인은 차에서 내린 기사에게 세종대왕 두 분을
건네면서 거스름은 고만둬요 잘 왔시다
고맙습니다 멋쟁이 할머니
기사는 입이 귀에 붙어 떠난다

집에 돌아온 노인
나들이옷을 벗으면서, 세상은 살만해

–「세상은 살만해」

「도시의 아침」은 급격한 산업화와 도시화가 야기한 그림자를 먼

저 들고 있다. 도시는 온통 소음천지다. 10층에서 물 내리는 소리, 신문 들어오는 소리, 우유배달 아주머니 발걸음 소리, 기도소리, 지하철 공사 굉음소리, 주전자 수증기 뿜는 소리 등 그런데 소리는 이러한 물리적인 것들만 있는 것이 아니다. 시인의 상상에도 소리가 있다. 벽에 걸린 족자에서 사공이 노 젓는 소리, 물새 소리, 캘린더엔 목련꽃 벙그는 소리, 유리창엔 햇살 부서지는 소리까지 오버랩 되어 요란하다. 한마디로 도시 생활이란 소리가 가득한 소란하고 숨 막히는 경계다.

문명화, 도시화, 근대화라는 물리적 변화가 인생에게는 보다 복잡하고 소란한 삶을 초래하게 되었음을 비판적으로 보고 있다. 그래서 이 시의 마지막엔 "소리에 소리가 눌리고 솟는 도시의 아침"이라 했다. 문명이란 온통 소리의 전쟁터인 것이다.

도시화, 산업화의 어두운 그림자는 「민들레를 본다」에서도 비판적으로 증언하고 있다. 아파트와 보도 블럭으로 상징되는 도시화, 메마른 보도 불럭 틈새에 돋아난 민들레, 민들레는 급격한 산업화로 생의 터전을 잃은 농촌, 농민, 변두리 세대의 가난과 소외의 그늘에서 그늘로 살아야만 했던 여인들의 슬픈 희생의 자화상이기도 하다.

이처럼 도시의 어두운 경계에서 그래도 시인은 한 가닥 밝고 따뜻한 경계를 소망해 본다. 그것이 바로 「복사꽃이 환하다」이다. "인천 가는 전동차에 들어선 노부부/ 햇살 묻은 경로석에/ 서둘러 몸을 싣고/ 숨을 고른다" 이번 김 시인의 시집에는 유독 노년들이 많다., 어째서 그럴까. 그것은 화자 자신이 노년이란 이유만은 아니다. 오늘날 이 땅의 도시화 주역이 사실은 자식들이나 후손들에겐 결코 그 천형의 가난을 물려주지 않겠다고 평생 온 몸을 희생해 온 세대가 바로 노인 세대라는 점에서 노인에 대한 관심과 이해가 요구됨을 이 시집을 통해 강하게 드러내고자 하는 의도가 있기 때

문이다. 그런 면에서 「복사꽃이 환하다」는 도시의 어두운 경계에서 벗어난 밝은 빛의 경계를 보여주고 있다. 우선 이 시에는 '햇살 묻은 경로석'이 있다. 노인에 대한 배려의 일면이다. 노인들은 이제 경로석에서 숨을 고르게 되었다. 그 뿐인가. 며느리가 시아버지 시어머니 바지를 샀다는 전화까지 받는다. 그 순간 "노부부 입가엔 복사꽃이 환하다"가 된 것이다. 이는 노년은 배려해야 한다는 시인의 강력한 경계 넘기의 철학이다.

그러한 뜻을 더 강조하기 위해 그는 「세상은 살만해」라는 작품을 첨가한다. 첫 연에서 "엘리베이터 문이 열리고/ 지팡이를 짚은 한 노인이 나온다/ 수위가 달려 와/ 차를 잡아 놨어요 하면서/ 노인을 도와 택시에 앉히고/ 잘 다녀오세요 할머니" 하였다. 이 구절은 시적으로 세련된 고도의 문장이 아니다. 아주 단순한 일화다. 그러나 이 속엔 강한 메시지가 있다. 얼마나 따뜻한 세상인가. 모든 수위들이 아니 모두가 그렇게 노인을 배려하는 세상이면 얼마나 좋을까. 그러나 아직은 극히 드믄 예에 불과하다. 2연에서는 서울대학병원에서 차에서 내린 노인을 보살피는 청년의 따뜻한 이야기를 적고 있다. 역시 아름다운 일이지만 그리 흔한 것도 아니다. 이렇게 시인은 도시의 각박한 어둠의 경계에서 벗어나 밝고 살만한 따뜻한 세상을 꿈꾼다.

이처럼 김혜숙 시인의 이번 시집 「경계」는 인습의 경계, 이기적이고 개인적이고 물질적인 경계, 도시문명의 경계, 이러한 울타리 속에서 칩거하는 어둡고 차가운 겨울의 경계를 벗어나 넓은 자연이 있고, 깨달음이 있고, 배려가 있고 존경이 있는 밝고 따뜻한 봄날 같은 새로운 경계를 실현해 보고자하는 간절한 꿈이 간결한 이미지로 때로는 구수한 이야기로 다양하게 펼쳐 보이고 있다.

오늘날 참으로 많은 시집이 넘쳐나고 있다. 그러나 중요한 것은 얼마나 분명하고 사려 깊은 시 정신을 시라는 그릇에 진지하고 아름답게 드러내는 가가 중요하다. 그런 의미에서 김혜숙 시인의 이번 시집이 보여주는 따뜻한 경계 넘기 시학에 찬사를 보낸다.

김혜숙 시집

경계

2015년 12월 15일 인쇄
2015년 12월 18일 발행

지은이 김 혜 숙
펴낸이 신 용 호
펴낸곳 창조문학사

서울 서대문구 홍은동 397-26 동천아카데미 5층
등록번호 제1-263호
전화 374-9011, Fax 374-5217
공급처 한국출판협동조합 전화 716-5616~9

값 10,000원
ISBN 978-89-7734-458-7